AF137657

Lorenzaccio

Alfred de Musset

lePetitLittéraire.fr

Alfred de Musset
Poète et dramaturge français

- **Né en 1810 à Paris**
- **Décédé en 1857 dans la même ville**
- **Quelques-unes de ses œuvres :**
  Les Caprices de Marianne (1833), pièce de théâtre
  On ne badine pas avec l'amour (1834), pièce de théâtre
  La Confession d'un enfant du siècle (1836), roman

Alfred de Musset (1810-1857) est considéré aujourd'hui comme un auteur romantique, même si sa place dans l'histoire littéraire n'est pas aisée à définir. Issu d'une famille de petite noblesse, il se lie durant une période très courte (environ deux ans) au cercle romantique avant de s'en détacher. À la mort de son père en 1832, il décide de se consacrer au métier d'écrivain. Connu surtout pour ses pièces de théâtre (*On ne badine pas avec l'amour* ou *Lorenzaccio*, 1834), Musset est également l'auteur de nombreux poèmes, ainsi que d'une œuvre en prose, *La Confession d'un enfant du siècle* (1836). Ses œuvres ont souvent été influencées par ses liaisons tumultueuses avec de nombreuses femmes, dont l'écrivaine George Sand.

Lorenzaccio
Le drame romantique par excellence

- **Genre :** pièce de théâtre dramatique
- **Édition de référence :** *Lorenzaccio*, précédé de *André del Sarto*, Paris, Gallimard, coll. « Folio classique », 1978, 384 p.
- **1re édition :** 1834
- **Thématiques :** désenchantement, histoire, liberté, corruption, complot, révolte

Lorenzaccio est publié par Musset en 1834 et est le résultat direct de sa relation avec George Sand, puisque l'auteur s'inspire de l'œuvre de cette dernière, intitulée *Une conspiration en 1537*. Pour écrire cette pièce, Musset s'inspire aussi de la *Storia fiorentina* de Varchi, une chronique sur la vie de Florence à la Renaissance. Il ne respecte pas pour autant entièrement les faits historiques, changeant notamment une fin qui ne permettait pas de donner au héros toute sa dimension romantique.

Bien que *Lorenzaccio* incarne le drame romantique par excellence, la complexité de l'intrigue et la multiplicité des lieux font qu'il ne sera pas mis en scène avant 1896 et dans une version réduite à trois actes. Les cinq actes n'ont, quant à eux, jamais été joués intégralement.

RÉSUMÉ

ACTE I

Scène 1

Florence, un soir de carnaval. Le duc Alexandre de Médicis attend son cousin Lorenzo, qui doit lui apporter une jeune fille dont il a acheté la vertu afin de combler les désirs du duc.

Scène 2

Au petit matin, la fête bat toujours son plein. Tous les « grands de Florence » sont présents à l'occasion d'un bal organisé par Nicolo Nasi pour le mariage de sa fille. On y voit Julien Salviati, un proche d'Alexandre, se montrer cavalier avec Louise Strozzi qui l'éconduit. Parmi le peuple et la bourgeoisie, beaucoup critiquent le faste des princes qui s'oppose à la pauvreté des citoyens.

Scène 3

Le marquis de Cibo quitte Florence pour se retirer à la campagne, laissant sa femme, la marquise, avec son frère le cardinal de Cibo. Après le départ de son mari, la marquise explique au cardinal qu'elle ressent une profonde aversion pour le duc de Médicis et elle affiche ses convictions républicaines. Plus tard, le cardinal intercepte un billet amoureux du duc destiné à la marquise.

Scène 4

Le duc reçoit des messagers du Saint-Siège, le cardinal Valori et sire Maurice, qui l'informent que le pape n'apprécie pas la vie de débauche de Lorenzo. C'est à cet instant qu'arrive Lorenzo, qui est provoqué en duel par sire Maurice. Mais Lorenzo, apeuré, s'évanouit à la vue de l'épée.

Scène 5

À la foire de Montolivet, des bourgeois discutent des décisions du duc. Salviati se vante auprès du prieur Strozzi que Louise Strozzi, sa sœur, lui aurait fait la promesse de s'offrir à lui.

Scène 6

Marie Soderini et Catherine, respectivement la mère et la tante de Lorenzaccio, parlent de lui et de l'homme corrompu qu'il est devenu.

ACTE II

Scène 1

Philipe Strozzi, républicain intègre, déplore la corruption qui a envahi la ville. Il est rejoint par sa famille et le prieur rapporte les propos de Julien Salviati. Pierre, le fils de Philippe, s'en va furieux, l'épée à la main.

Scène 2

Lorenzo et le cardinal Valori rencontrent le jeune peintre Tebaldeo, avec qui ils ont une conversation sur la puissance de l'art, la poésie et la beauté de Florence. Lorenzo finit par lui proposer du travail.

Scène 3

Le cardinal de Cibo essaie de manœuvrer sa belle-sœur pour qu'elle succombe au duc.

Scène 4

Lorenzo, sa mère et sa tante parlent de littérature et évoquent le passé avec nostalgie. Son oncle demande une entrevue et essaie de raisonner Lorenzo. Il lui demande s'il soutient le camp républicain ou s'il se range du côté des Médicis. Lorenzo affirme être du côté des républicains. Le duc Alexandre vient ensuite lui rendre visite. Lorsqu'il est seul avec Lorenzo, il lui avoue avoir séduit la marquise de Cibo et qu'il convoite désormais la tante de Lorenzo, Catherine.

Scène 5

Philippe Strozzi, en présence de Lorenzo, se lamente sur la révélation du prieur. Pierre rentre finalement et dit avoir tué Julien Salviati.

Scène 6

Tebaldeo réalise le portrait du duc Alexandre. Lorenzo en profite pour escamoter la cotte de maille du duc et la jeter dans un puits.

Scène 7

Julien Salviati, devant le palais du duc, couvert de sang, réclame vengeance contre les Strozzi.

ACTE III

Scène 1

Dans sa chambre, Lorenzo et son valet Scoronconcolo s'entrainent à l'épée. Lorenzo lui avoue qu'il a un ennemi et qu'il compte bien s'en débarrasser. Il fait le plus de bruit possible afin que ses voisins puissent s'habituer et ne pas donner l'alerte le jour où il se battra réellement.

Scène 2

Pierre Strozzi, furieux que Julien Salviati ne soit pas mort, apprend à son père qu'il se rend chez les Pazzi pour organiser une révolte contre les Médicis. Philippe arrive à convaincre son fils de le laisser l'accompagner.

Scène 3

Pierre et Thomas Strozzi, son frère, se font arrêter en présence de leur père. Pour rassurer Philippe, Lorenzo lui apprend qu'il prévoit d'assassiner le duc. En réalité, lui qui était loyal et pur, il a accepté d'infiltrer la famille Médicis et de devenir le compagnon de débauche du duc afin de sauver Florence.

Scène 4

Catherine reçoit un billet du duc qui lui demande un rendez-vous.

Scène 5

La marquise de Cibo, dans ses plus beaux atours, attend le duc. Elle éconduit le cardinal qui annonce qu'il repassera plus tard.

Scène 6

La marquise profite de son rendez-vous avec le duc pour le convaincre de gouverner plus justement. Le cardinal les épie et surprend un baiser.

Scène 7

Louise Strozzi est empoisonnée au cours d'un repas de famille. Philippe renonce alors à mener une révolte malgré l'insistance des membres de sa famille

ACTE IV

Scène 1

Lorenzo demande au duc s'il a retrouvé sa cotte de maille, celui-ci répond que non. Dès lors, Lorenzo sait qu'il est vulnérable. Il l'invite dans sa chambre, prétextant qu'il organisera une rencontre avec sa tante Catherine. Alexandre, guidé par son désir, accepte sans se méfier.

Scène 2

Pierre et Thomas Strozzi sortent de prison et apprennent la mort de Louise, ainsi que la fuite de leur père.

Scène 3

Lorenzo donne ensuite rendez-vous à Scoronconcolo le soir même et l'avertit du plan. Puis, il médite et se demande comment il a pu en arriver là.

Scène 4

Le cardinal exhorte la marquise à devenir la maitresse du duc pour que lui puisse profiter de son influence et monter en grade. Le cardinal la menace de tout avouer à son mari si elle ne se rapproche pas du duc. La marquise dit la vérité à son mari et dévoile le projet du cardinal.

Scène 5

Lorenzo prépare sa chambre pour le faux rendez-vous.

Scène 6

Dans un couvent, Philippe Strozzi enterre sa fille. Pierre le retrouve et lui demande d'aider les rebelles aux portes de Florence. Mais Philippe refuse de se battre.

Scène 7

Lorenzo annonce aux républicains la mort prochaine du duc Alexandre, mais personne ne veut le croire.

Scène 8

Les bannis refusent de prendre les armes avec Pierre sans l'approbation de Philippe.

Scène 9

Lorenzo est pris de folie dans la rue.

Scène 10

Le cardinal et sire Maurice essayent de prévenir le duc du piège qui l'attend chez Lorenzo, mais il n'en croit rien et suit son cousin.

Scène 11

Lorenzo frappe à mort le duc. Ensuite, il refait une crise de démence. Scoronconcolo lui fait quitter la chambre.

ACTE V

Scène 1

On découvre le cadavre du duc Alexandre. Le cardinal s'est imposé en décideur et parvient à hisser Cômes de Médicis sur le trône.

Scène 2

Lorenzo rejoint Philippe à Venise et lui annonce le décès d'Alexandre. Le vieil homme s'imagine que la liberté est assurée. Au contraire, Lorenzo, qui a perdu foi en l'humanité, pense que la situation à Florence ne va pas s'améliorer. D'ailleurs, sa tête est très vite mise à prix.

Scène 3

Le marquis de Cibo a pardonné l'infidélité de sa femme.

Scène 4

Pierre Strozzi reçoit le soutien du roi de France qui veut l'enrôler.

Scène 5

Les bourgeois parlent de l'effervescence de la ville suite à la nomination d'un nouveau duc. Par ailleurs, les enfants Salvati et Strozzi se disputent dans la rue, transposition infantile de la guerre des adultes.

Scène 6

Les étudiants se révoltent face au pouvoir qui interdit le droit de vote pour l'élection du duc.

Scène 7

Malgré les conseils de Philippe, Lorenzo se promène à Venise sans protection. Ainsi, il est tué et ensuite jeté dans la lagune par la foule.

Scène 8

Cômes de Médicis prête serment devant Florence : il jure de faire régner la justice et de se fier au cardinal Cibo.

ÉTUDE DES PERSONNAGES

LORENZO

C'est un personnage multiple et complexe. Lorenzo, pour le duc, est un compagnon de débauche. Pour le peuple, c'est Lorenzaccio, le suffixe marquant le mépris. Pour sa mère, enfin, c'est Lorenzino, un intellectuel romantique qu'elle rêve encore bon à tous les égards.

Tout au long de la pièce, Lorenzo passe pour un lâche cynique et débauché dépourvu de morale. Pourtant, son personnage ne fait qu'évoluer. Mais si on peut entrevoir ce qu'il aimerait devenir dans une réplique à Pierre Strozzi («Tu es beau, Pierre, tu es grand comme la vengeance»), on ne connait jamais avec précision sa nature profonde. Est-il épris de justice ? Nourrit-il le secret orgueil de rentrer dans l'histoire, tel un Brutus ? Les 61 occurrences de Lorenzo ne permettront pas de réellement de définir ce personnage à la recherche de son identité.

LE DUC ALEXANDRE DE MÉDICIS

Jeune, beau et arrogant, il n'a ni l'élégance ni l'esprit nécessaires pour gouverner. Jouisseur, il collectionne les conquêtes féminines, plus ou moins en les achetant, et n'a que faire des besoins de Florence qu'il ne souffre pas de voir devenir un lieu de débauche.

LES STROZZI

Ils sont de diverses natures. Philippe Strozzi est l'image même du républicain intègre et patriarcal. Les bannis, en mal de justice et de révolte, voient en lui un chef qu'ils aimeraient voir se déclarer comme tel. Pourtant, la gloire et le pouvoir n'intéressent pas cet homme qui souffre sincèrement des désordres auxquels il assiste.

Le prieur a le sang chaud, mais reste pourtant un religieux. Si Thomas semble assez transparent, Pierre est fougueux et coléreux. Son impétuosité lui fait prendre des risques et l'empêche de comprendre le caractère posé et en retrait de son père. Ce dernier n'en parait que plus grand.

JULIEN SALVIATI

C'est un jouisseur sans envergure. C'est une sorte d'alter ego du duc, sans élégance et surtout sans plus de pouvoir que les autres seigneurs florentins. C'est pour cela que son comportement envers Louise lui vaut les foudres de Pierre Strozzi, quand le duc n'est jamais inquiété.

LE CARDINAL CIBO

Il est un religieux ambitieux et manipulateur. Dénué de morale chrétienne autant que de scrupule, il n'hésite pas à instrumentaliser la marquise Cibo pour arriver à ses fins. Il se veut grand et dit servir des desseins supérieurs, mais il ne fait en réalité que laisser libre cours à son ambition personnelle.

LA MARQUISE CIBO

Cette femme a tout pour être heureuse. Elle devient malgré tout la maitresse du duc qu'elle essaiera en vain de faire évoluer. Le cardinal Cibo essaie de l'instrumentaliser, sans succès.

LE PEUPLE

Il est représenté dans toute son inertie. Il est incarné par des marchands et des bourgeois qui se plaignent sans modifier leur manière d'agir aux précepteurs qui n'ont aucune conscience de la réalité. Tous laissent les évènements suivre leur cours sans jamais essayer de les modifier.

CLÉS DE LECTURE

UN LABYRINTHE D'INTRIGUES

Indubitablement, *Lorenzaccio*, à la première lecture notamment, apparait complexe, et peut-être même brouillon. Si la structure est certes touffue et difficile à suivre, elle n'en est pas pour autant moins rigoureusement façonnée. C'est en réalité le tissu d'intrigues qui compose la pièce, intrigues au nombre de trois : l'intrigue Cibo, l'opposition républicaine, et ce que l'on pourrait appeler Lorenzo et son double. Ces trois intrigues ont la particularité d'être doubles.

- Ainsi, il existe deux intrigues Cibo, étroitement liées. D'une part, la marquise, bien qu'il existe un flou sur ses véritables motivations, a pour but de faire changer le duc, d'en faire un républicain convaincu en faisant appel à sa raison. Par ailleurs, le cardinal intrigue aussi de son côté. Il cherche à diriger le duc et essaie pour cela de manipuler la marquise. Il échoue, mais sort tout de même de la pièce en vainqueur, au contraire de Lorenzo qui, bien qu'étant parvenu à ses fins, apparait comme le perdant, son projet n'ayant abouti à aucun changement.
- De la même manière, il existe deux intrigues représentées par l'opposition républicaine incarnée par Pierre et Philippe Strozzi. Si ce dernier renferme en effet un bouillonnement d'idées et de discours, ceux-ci

ne seront jamais mis en application et restent des principes. À l'inverse, Pierre ne cesse d'agir, mais sans lucidité. Ces deux tenants d'un type de républicain finissent par annuler tout élan : l'inertie de l'un contre-balance la frénésie de l'autre.

- Le troisième élément qui tisse la pièce est incarné par Lorenzo et ses deux identités. Ce personnage double ne se révèle qu'au fur et à mesure de la pièce, déli-vrant les éléments du puzzle au compte-goutte. C'est ainsi que le lecteur découvre, par le biais de Lorenzo, deux intrigues : les deux premiers actes font peser un suspense dramatique sur la nature de Lorenzo. Mais la conversation de l'acte III avec Philippe donne un nouvel élan et c'est la préparation du forfait qui occupe désormais le lecteur : ainsi, à deux Lorenzo correspondent deux intrigues.

UNE CONFUSION FEINTE

On l'a dit, la première lecture de *Lorenzaccio* peut laisser apparaitre une certaine confusion. Pour autant, l'agen-cement de la pièce n'est pas le fruit du hasard. Ainsi, le déroulement des deux premiers actes, c'est-à-dire ce qui se passe avant l'acte III, qui constitue le bouleversement, est presque mathématique.

Dans l'acte I, Lorenzo occupe les scènes 1, 4 et 6, les Strozzi les scènes 2 et 5, et les Cibo la scène 3. Dans l'acte II, Lorenzo occupe les scènes 2, 4, 6, les Strozzi les scènes 1, 5 et 7, et les Cibo la scène 3. Cette disposition est beaucoup trop symétrique et régulière pour être le fruit du hasard.

L'acte III rompt effectivement avec cette symétrie. Pour autant, on ne sombre pas dans le brouillon. En effet, il s'agit de l'acte des bouleversements, articulé autour de la longue scène 3, scène centrale dans laquelle les pièges et éléments se mettent en place avant que tout bascule et se précipite.

L'acte IV est lui aussi soumis à un ordre bien précis. En fait, il est ordonné de manière stricte, dans une régularité obsédante qui pourrait évoquer les romans de Bernard Werber. L'obsession « de savoir ce qui se passe après » entretient une tension dramatique qui ne fait qu'augmenter puisque la préparation du forfait de Lorenzo, seul souci du lecteur désormais, est entrecoupée par les autres intrigues que l'on sait d'ores et déjà vouées à l'échec.

L'acte V, enfin, est celui, non pas du dénouement, mais du bilan. Il va donc naturellement être mis en parallèle avec l'acte II, durant lequel les intrigues prenaient forme. On ne peut qu'être troublé par le parallélisme introduit par Musset :

- II, 1 : situation politique sous le duc / V, 1 : situation politique après le meurtre ;
- II, 2 : réflexions sur la portée et le sens de l'art / V, 2 : réflexions sur l'engagement, la vie et la mort ;
- II, 3 : la marquise cède au duc / V, 3 : la marquise est au bras du marquis ;
- II, 4 : Bindo et Venturi cèdent / V, 4 : Pierre Strozzi a un dernier sursaut avant de céder ;
- II, 5 : mort de Salviati / V, 5 : dispute entre le petit Strozzi et le petit Salviati ;

- II, 6 : début de l'exécution avec le vol de l'armure / V, 6 : constat de l'échec et mort de Lorenzo ;
- II, 7 : assassinat raté de Salviati / V, 7 : couronnement d'un Médicis sous la férule du cardinal.

D'autres correspondances, enfin, s'établissent aussi entre les différents actes : l'acte I voit Lorenzo présenté comme un souteneur dans la première scène et comme étant encore dans le giron de sa mère dans la dernière ; la première scène de l'acte III, l'entrainement au meurtre, fait directement écho à la dernière scène de l'acte IV, le meurtre lui-même, etc.

Il s'agit donc d'une pièce tissée de main de maitre, où rien ne semble avoir été laissé au hasard, bien que la première lecture puisse laisser le lecteur dans une certaine confusion.

BON À SAVOIR : LE DRAME ROMANTIQUE

Le drame romantique est un genre théâtral du début du xixe siècle caractérisé principalement par la volonté du dramaturge de se démarquer de la tradition tragique classique.

Cette volonté de démarcation se traduit essentiellement par l'abandon de l'unité de temps (tout ne se déroule plus entre le lever et le coucher du soleil) et de l'unité de lieu (l'abondance de lieux rend désormais l'action plus réaliste). L'unité d'action est elle aussi parfois écartée au profit d'intrigues complexes. Enfin, les sujets, loin d'une noblesse parfois mythique à l'image de ceux du théâtre de Racine, sont parfois de basse extraction, rappelant ainsi les proxénètes et filles de joie du comique latin Plaute.

Textes majeurs du drame romantique :
- Préface de *Cromwell*, Hugo (1827)
- *Hernani*, Hugo (1830)
- *Lorenzaccio*, Musset (1834)
- *Chatterton*, Vigny (1835)

Bon à savoir : la genèse de Lorenzaccio

À l'origine de *Lorenzaccio*, ce n'est pas un grand projet muri pendant de longues années que l'on trouve, mais un exercice, presque un jeu, auquel s'est livrée George Sand : la rédaction d'une scène historique en six tableaux, exercice sans doute destiné à délier une plume encore trop empruntée. Les deux premiers tableaux sont copiés presque mot pour mot de la *Storia fiorentina* de Varchi.

George Sand offre cette scène historique à Musset au début de leur relation, en 1833. L'influence italienne que l'on retrouve dans ses premiers poèmes, la volonté de se placer dans une tradition littéraire (Lorenzo a été l'objet de nombreuses œuvres, notamment l'*Heptaméron* de Marguerite de Navarre) et, enfin, la création possible d'un personnage romantique pouvant rivaliser avec ceux de Shakespeare ou Schiller, tous ces éléments ont sans doute motivé Musset dans la reprise de cette scène historique qui a abouti à ce que certains considèrent, sans doute à raison, comme son chef-d'œuvre.

PISTES DE RÉFLEXION

QUELQUES QUESTIONS POUR APPROFONDIR SA RÉFLEXION...

- La pièce est, de prime abord, complexe, voire brouillonne. À quoi imputez-vous cela ? L'est-elle réellement ?
- Expliquez les différences entre le drame romantique et la tragédie classique. Au besoin, aidez-vous de la préface de *Cromwell* de Victor Hugo, dans laquelle l'auteur expose les caractéristiques du drame romantique.
- Qu'est-ce qui fait de cette pièce un drame romantique ?
- Retrouve-t-on, dans *Lorenzaccio*, des thèmes propres au romantisme, mouvement dont Musset a fait partie, et Lorenzo est-il, selon vous, un personnage romantique ?
- Cette pièce n'a jamais été jouée intégralement : on l'a réduite à trois actes afin de la mettre en scène. Réorganisez à votre tour les cinq actes de manière à n'en avoir plus que trois.
- À votre avis, pourquoi a-t-on réduit la pièce à trois actes pour la mettre en scène ?
- Quelle place la vie de l'auteur tient-elle dans cette pièce et dans toutes ses œuvres en général ?
- Selon vous, le théâtre est-il obligatoirement fait pour être joué ?

POUR ALLER PLUS LOIN

ÉDITION DE RÉFÉRENCE

- MUSSET A. de, *Lorenzaccio*, précédé de *André del Sarto*, Paris, Gallimard, coll. « Folio classique », 1978.

MISES EN SCÈNE REMARQUABLES

- 1896 au théâtre de la Renaissance, avec Sarah Bernhardt (première mise en scène de la pièce adaptée en trois actes).
- 1952, par Jean Vilar au festival d'Avignon, avec Gérard Philippe, premier homme à tenir le rôle de Lorenzo.
- 1976, avec Francis Huster.

SUR LEPETITLITTÉRAIRE.FR

- Fiche de lecture sur *Fantasio* d'Alfred de Musset
- Fiche de lecture sur *La Confession d'un enfant du siècle* d'Alfred de Musset
- Fiche de lecture sur *On ne badine pas avec l'amour* d'Alfred de Musset
- Questionnaire de lecture sur *Lorenzaccio*

Retrouvez notre offre complète sur lePetitLittéraire.fr

- des fiches de lectures
- des commentaires littéraires
- des questionnaires de lecture
- des résumés

RABELAIS
- Gargantua

RACINE
- Andromaque
- Britannicus
- Phèdre

ROUSSEAU
- Confessions

ROSTAND
- Cyrano de Bergerac

ROWLING
- Harry Potter à l'école des sorciers

SAINT-EXUPÉRY
- Le Petit Prince
- Vol de nuit

SARTRE
- Huis clos
- La Nausée
- Les Mouches

SCHLINK
- Le Liseur

SCHMITT
- La Part de l'autre
- Oscar et la Dame rose

SEPULVEDA
- Le Vieux qui lisait des romans d'amour

SHAKESPEARE
- Roméo et Juliette

SIMENON
- Le Chien jaune

STEEMAN
- L'Assassin habite au 21

STEINBECK
- Des souris et des hommes

STENDHAL
- Le Rouge et le Noir

STEVENSON
- L'Île au trésor

SÜSKIND
- Le Parfum

TOLSTOÏ
- Anna Karénine

TOURNIER
- Vendredi ou la Vie sauvage

TOUSSAINT
- Fuir

UHLMAN
- L'Ami retrouvé

VERNE
- Le Tour du monde en 80 jours
- Vingt mille lieues sous les mers
- Voyage au centre de la terre

VIAN
- L'Écume des jours

VOLTAIRE
- Candide

WELLS
- La Guerre des mondes

YOURCENAR
- Mémoires d'Hadrien

ZOLA
- Au bonheur des dames
- L'Assommoir
- Germinal

ZWEIG
- Le Joueur d'échecs

Et beaucoup d'autres sur lePetitLittéraire.fr

www.lepetitlitteraire.fr

ISBN version imprimée : 978-2-8062-1377-8
ISBN version numérique : 978-2-8062-1868-1
Dépôt légal : D/2013/12.603/140